ATLAS DE LAS GRANDES EXPEDICIONES

Philip Steele
Ilustrado por **Christian Gralingen**

IDEAKA
EDELVIVES

Traducido por **Xesús Fraga**

Título original: *The Atlas of Great Journeys*
Publicado por primera vez en el Reino Unido
por Welbeck Books Limited en 2020

© Del diseño, ilustraciones y realidad aumentada de la app:
  Welbeck Books Limited, 2020

© De esta edición: Grupo Editorial Luis Vives, 2020

ISBN: 978-84-140-3056-1
Depósito legal: Z 1051-2020

Impreso en España

Todos los derechos reservados. Cualquier forma de reproducción,
distribución, comunicación pública o transformación de esta obra
solo puede ser realizada con la autorización de sus titulares, salvo
excepción prevista por la ley. Diríjase a CEDRO (Centro Español
de Derechos Reprográficos) si necesita fotocopiar o escanear
algún fragmento de esta obra (www.conlicencia.com;
91 702 19 70 / 93 272 04 47).

ÍNDICE

ENTRE DOS MUNDOS — 6-9
Marco Polo, Ibn Battuta, Zheng He

ÁFRICA DESCONOCIDA — 10-13
Hatshepsut, David Livingstone, Heinrich Barth

EXPLORAR EUROPA — 14-17
Himilcón, William Beckford, san Pablo

HACIA EL POLO NORTE — 18-21
Fridtjof Nansen, Robert Peary, Wally Herbert

TRAVESÍA ATLÁNTICA — 22-25
Lief Erikson, Cristóbal Colón, Alcock y Brown

LA EMPRESA NORTEAMERICANA — 26-29
Hernando de Soto, Juan Rodríguez Cabrillo, Lewis y Clark

CENTROAMÉRICA Y SUDAMÉRICA — 30-33
Francisco de Orellana, Alexander Von Humboldt, Charles Darwin

CRUZAR OCEANÍA — 34-37
Abel Tasman, James Cook, Burke y Wills

OBJETIVO: EL POLO SUR — 38-41
Roald Amundsen, Robert Falcon Scott, Ernest Shackleton

LA VUELTA AL MUNDO — 42-45
Fernando de Magallanes, Francis Drake, Wiley Post

INTRODUCCIÓN

El afán de exploración de los humanos se remonta a los mismos inicios de la especie: habitando continentes, superando montañas y desiertos y, al cabo, también los océanos. Cuando los vikingos cruzaron el Atlántico entre tormentas, viajaron, además de los guerreros, niños y mujeres con el mismo ingenio, valentía y resistencia.

En este libro conocerás a exploradores de muy diversas épocas y culturas. Algunos emprendieron sus viajes para comerciar, otros para empezar guerras. A algunos los espoleaban las riquezas, a otros el afán de conquista. Unos viajaron a causa de su religión, como peregrinos, misioneros o incluso prisioneros de regímenes represores. Otros dejaron atrás sus hogares por pura curiosidad, deseosos de saber qué se escondía tras el siguiente río o cordillera montañosa. A muchos los impulsó la curiosidad científica, ansiosos por entender mejor nuestro planeta.

Las célebres expediciones europeas entre los siglos XV y XVIII fueron dirigidas, en su inmensa mayoría, por hombres, pero al llegar el siglo XIX las mujeres ya empezaban a ocupar espacios solo reservados a los hombres. Y en el siglo XX podemos celebrar la presencia de mujeres navegantes, aviadoras y astronautas que hicieron historia, ganándose una fama equiparable a la de dirigentes femeninas de la Antigüedad como la reina faraón Hatshepsut.

Hoy el mundo se ha vuelto pequeño. Nos comunicamos a escala global y viajamos a grandes velocidades. Los satélites orbitan en torno a la Tierra y son capaces de captar hasta el último detalle en alta resolución, incluido el daño que los humanos infligen a océanos, ríos y bosques del planeta. Hoy en día, cuando nunca ha sido tan fácil emprender grandes viajes alrededor del globo, la historia de la exploración todavía puede inspirarnos para acometer nuevas hazañas de determinación y aventura. Y debería inspirarnos el deseo de cuidar del hermoso planeta que despertó tanto asombro en los exploradores de antaño.

CÓMO USAR ESTE LIBRO

En las páginas de los mapas verás una indicación para utilizar la app que acompaña este libro. Con ella podrás disfrutar de la realidad aumentada que muestra los viajes de los exploradores en 3D.

Para ello deberás:

1. Descargar la aplicación gratuita del Atlas de las grandes expediciones en Google Play Store o Apple App Store.
2. Abrir el libro en un lugar bien iluminado.
3. Extender el libro de modo que quede de la forma más lisa posible.
4. Abrir la aplicación y visualizar cualquiera de las páginas con mapas (sigue las instrucciones que aparecen en la pantalla).
5. Tocar una de las imágenes de los tres exploradores para iniciar el viaje. Sobre el mapa se moverá un icono que mostrará el itinerario de su viaje. En los puntos destacados aparecerá un texto en la pantalla con información sobre acontecimientos y lugares relevantes.
6. En las etapas del viaje podrás aumentar y girar el medio de transporte en 3D de cada explorador.

ENTRE DOS MUNDOS

Durante miles de años, las comunicaciones entre Europa y Asia implicaban adentrarse en lo desconocido. Parajes agrestes, océanos despiadados y territorios hostiles hacían de cada viaje una experiencia de extrema dureza. Sin embargo, nada era obstáculo para aquellos exploradores.

VISUALIZA LAS RUTAS A TRAVÉS DE LA APP

ZHENG HE
Nankín, 1405

ZHENG HE

Zheng He nació en 1371. Fue almirante de una flota china inmensa con la que luchó contra piratas en aguas chinas, cruzó el océano Índico e incluso alcanzó África.

MARCO POLO

El padre y el tío de Marco Polo eran mercaderes. En Catay (China) conocieron al gran emperador Kublai Kan. Cuando regresaron a Venecia, Marco ya tenía 15 años, y al año siguiente, al regresar a China, se llevaron con ellos al joven. Habrían de pasar 24 años hasta que Marco Polo viese Venecia de nuevo.

Los Polo navegaron hasta Acre (Israel), y lo más probable es que llegasen a China cruzando Persia (actual Irán) y Afganistán, siguiendo la ancestral Ruta de la Seda, una red de caminos transitada por los comerciantes que atravesaba montañas y desiertos.
Kublai Kan les dio la bienvenida y, según se cuenta, nombró consejero a Marco Polo. Este realizó muchos viajes por varios países, donde presenció grandes maravillas.
En 1292 los Polo escoltaron a la princesa Kököchin hasta Persia. Navegaron desde China, pasando por Java. En 1295 regresaron a Venecia y cinco años después se publicó un libro sobre sus viajes. Aunque tal vez en él no se contase siempre la verdad.

IBN BATTUTA

En la Edad Media, un viaje podía durar toda una vida y entrañar peligros, aventuras, contratiempos y demoras, pero también obsequiar con asombrosas maravillas en lugares remotos. Ibn Battuta fue probablemente uno de los viajeros más importantes del Viejo Mundo, aunque, como ocurre con los relatos de Marco Polo, no todos los detalles son fiables.

Ibn Battuta (1304-1369) fue un bereber de Tánger (Marruecos). La razón principal para viajar a sus 21 años fue peregrinar a La Meca (uno de los preceptos del islam). Pero no tenía prisa por volver: ¡transcurrieron 30 años antes de regresar a casa! Era un hombre simpático, y quedó fascinado por las personas y las costumbres que iba encontrando en el camino. Viajó a pie, en barco, en camello y a caballo.
Sus rutas lo llevaron por África del Norte, Egipto, Arabia, Turquía y Oriente Medio, África Oriental, Asia Central, la India y Sri Lanka, así como al Sudeste Asiático. Incluso pudo haber llegado a China y cruzarla hasta entrar en Pekín, su capital.

1269 — Los mercaderes Maffeo y Niccolo Polo regresan de un viaje comercial a Catay (China).

1271 — Los hermanos Polo zarpan hacia China con Marco, hijo de Niccolo. Llegan en 1274.

1275 — Kublai Kan nombra consejero a Marco Polo, que viaja por toda China y aun más allá.

1292 — Los Polo escoltan a la princesa china Kököchin a su boda en Persia.

1295 — Marco Polo regresa a Venecia con un tesoro de refinadas joyas.

1325-27 — Ibn Battuta zarpa desde Tánger y visita El Cairo, Jerusalén, Medina, La Meca, Irak y Persia.

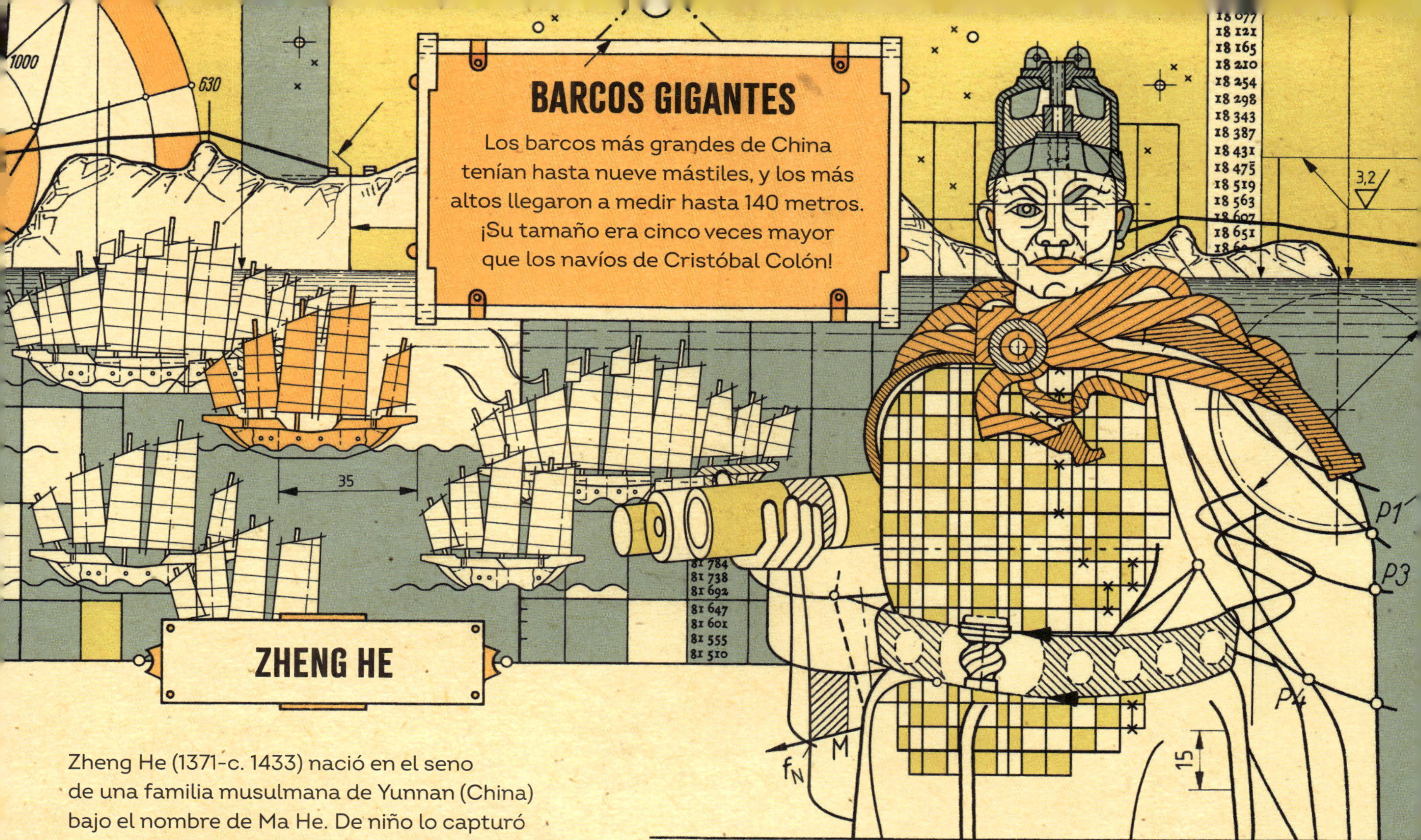

BARCOS GIGANTES

Los barcos más grandes de China tenían hasta nueve mástiles, y los más altos llegaron a medir hasta 140 metros. ¡Su tamaño era cinco veces mayor que los navíos de Cristóbal Colón!

ZHENG HE

Zheng He (1371-c. 1433) nació en el seno de una familia musulmana de Yunnan (China) bajo el nombre de Ma He. De niño lo capturó el ejército Ming durante una batalla contra el ejército mongol y lo criaron como un eunuco bajo el nombre de Ma Sanbao. Como soldado se ganó la confianza del emperador, quien le concedió el nombre de Zheng He y lo nombró almirante. Sus dotes de organización y de diplomacia le granjearon el éxito.

Desde antiguo los navegantes comerciaban en el océano Índico, pero las siete expediciones que dirigió Zheng He entre 1405 y 1433 a los «océanos occidentales» fueron quizá las mayores de la historia. En su primera travesía dispuso de una flota de 317 buques, de los cuales 62 eran gigantescos barcos del Tesoro: inmensos navíos que eran el orgullo de la flota. Su tripulación ascendía a 28.870 hombres. En 2015 se encontró en Nankín el timón de un barco de diez metros de alto que pesaba más de 500 kilos. En comparación con ellos, los barcos que después utilizaría Colón parecerían de juguete.

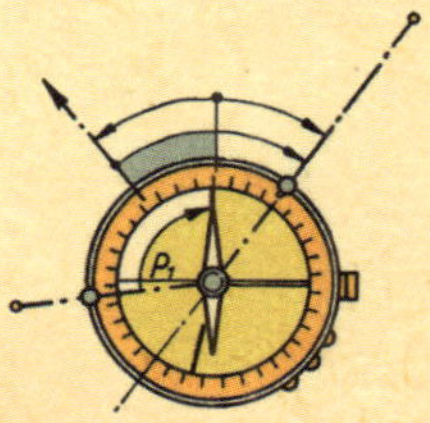

Las expediciones fueron concebidas como un alarde del poderío y la riqueza de China. Arribaron a Brunéi, Java, Tailandia, la India, Sri Lanka, el golfo Pérsico, Arabia e incluso la costa suajili en África Oriental. Intercambiaron regalos y tributos: oro, plata, seda, porcelana fina y marfil. También hicieron acopio de animales salvajes: cebras, avestruces y hasta jirafas, aunque no todas sobrevivieron al viaje de regreso.

Durante más de un milenio los chinos fueron líderes mundiales en diseño naval. Además, fueron pioneros en emplear timones en vez de guiarse con remos, y en el uso de múltiples mástiles y mamparos (compartimentos estancos que reducen el riesgo de hundimiento si se abre un boquete en el casco).
Con el tiempo, los europeos copiarían todos estos diseños, además de algunos mapas chinos. Sin estas innovaciones, la era de las grandes exploraciones navales jamás habría comenzado.

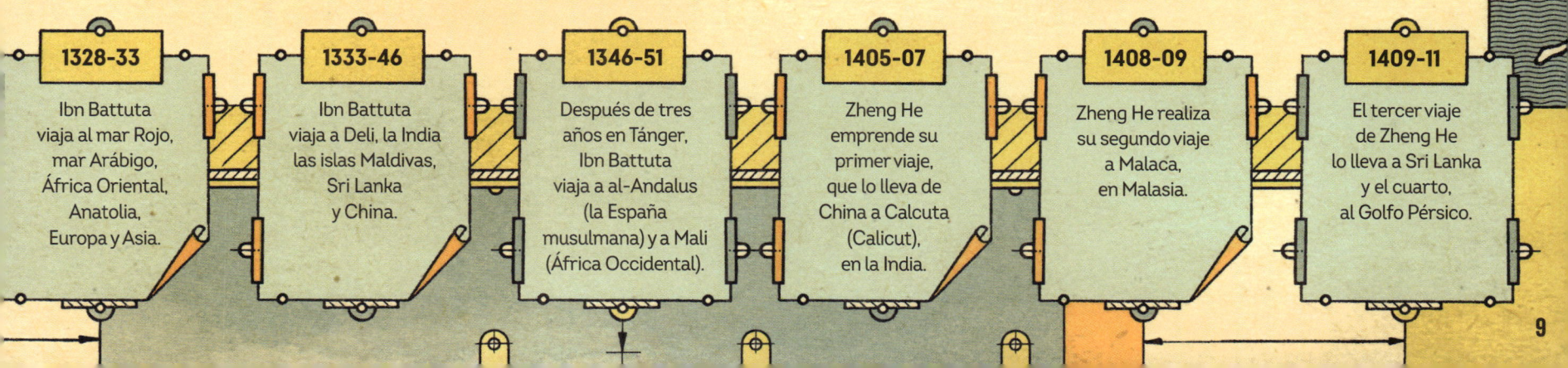

1328-33 — Ibn Battuta viaja al mar Rojo, mar Arábigo, África Oriental, Anatolia, Europa y Asia.

1333-46 — Ibn Battuta viaja a Deli, la India, las islas Maldivas, Sri Lanka y China.

1346-51 — Después de tres años en Tánger, Ibn Battuta viaja a al-Andalus (la España musulmana) y a Mali (África Occidental).

1405-07 — Zheng He emprende su primer viaje, que lo lleva de China a Calcuta (Calicut), en la India.

1408-09 — Zheng He realiza su segundo viaje a Malaca, en Malasia.

1409-11 — El tercer viaje de Zheng He lo lleva a Sri Lanka y el cuarto, al Golfo Pérsico.

ÁFRICA DESCONOCIDA

Durante milenios la población de África ha emigrado por todo el continente, pero a los visitantes les ha resultado difícil atravesar sus desiertos, pantanos y selvas. A menudo los mapas europeos de la Edad Media dejaban en blanco sus regiones desconocidas o se limitaban a marcarlas con un: «Aquí hay leones». Entre los siglos XV y XIX viajeros foráneos exploraron y cartografiaron África y sus costas, aunque con ellos también llegaron los traficantes de esclavos.

VISUALIZA LAS RUTAS A TRAVÉS DE LA APP

HATSHEPSUT
Savw, 1470 a. C.

HATSHEPSUT

La reina-faraón Hatshepsut gobernó Egipto entre 1478 y 1458 a. C. En 1470 a. C. ordenó una expedición comercial a la tierra de Punt, probablemente situada cerca de Somalia. Navegaron a bordo de cinco barcos hacia el Cuerno de África.

HEINRICH BARTH
Trípoli, 1850

HEINRICH BARTH

Este intelectual alemán sentía fascinación por los pueblos y las tradiciones de África. En 1850 se unió a la expedición del inglés James Richardson junto con el geólogo Adolf Overweg. Overweg y Richardson murieron en el viaje, pero Barth pudo recorrer durante cinco años el desierto del Sáhara y África occidental.

HEINRICH BARTH

El intelectual Heinrich Barth (1821-1865) no fue un explorador convencional, aunque gracias a él se avanzó en el conocimiento de muchos pueblos y culturas de África. Nació en Hamburgo y se educó en Berlín. Entre 1845 y 1847 estudió árabe con el propósito de viajar por África del Norte y el Sudoeste Asiático y visitar los vestigios de la Antigüedad.

Su gran viaje, de 1850 a 1855, a través del desierto del Sáhara hasta África Occidental fue toda una proeza. Soportó todo tipo de dificultades, incluso bebió su propia sangre para no morir de sed, aunque consiguió que sus descubrimientos se registraran y publicaran cuidadosamente.

A diferencia de muchos exploradores europeos de su tiempo, a Heinrich Barth le interesaban más las lenguas, la cultura y la historia que el poder. Su conocimiento de los pueblos locales le ayudó a sobrevivir después de que sus compañeros de viaje James Richardson y Adolf Overweg muriesen por la malaria.

DAVID LIVINGSTONE

David Livingstone (1813-1873) nació en Escocia. A los diez años tuvo que entrar a trabajar en una fábrica de algodón, pero esto no le impidió estudiar hasta convertirse en médico. Como misionero trató de abolir la esclavitud. Al igual que muchos europeos de entonces, se había propuesto evangelizar y facilitar la colonización de África.

En 1841 Livingstone fue destinado a los límites del desierto del Kalahari. Viajó en duras condiciones, incluso lo atacó un león que lo lisió de por vida. En 1852 emprendió su gran travesía por el continente, que se prolongaría cuatro extenuantes años. Livingstone también exploró el curso del río Zambeze.

Con su último viaje esperaba aclarar las dudas acerca de las fuentes del Nilo, pero enfermó de gravedad, y presenciar una terrible masacre de esclavos lo abatió definitivamente. Perdió el contacto con el mundo exterior, hasta que en 1871 el explorador H.M. Stanley lo localizó en el lago Tanganica. En 1872 ambos se separarían y Livingstone murió un año más tarde.

---

c. 180000 a. C. — Los primeros exploradores: algunos *Homo sapiens* que salen de África.

1470 a. C. — La reina Hatshepsut de Egipto ordena una expedición a Punt, probablemente en el Cuerno de África.

c. 600 a. C. — El faraón Necao II envía una flota para navegar alrededor de África en sentido contrario a las agujas del reloj. Quizá sea solo una leyenda.

1488 — El explorador portugués Bartolomé Díaz navega la costa de África Occidental hasta Sudáfrica.

1497-99 — El explorador portugués Vasco de Gama rodea el cabo de Buena Esperanza para explorar la costa de África Oriental.

1795-1806 — El explorador escocés Mungo Park realiza dos expediciones por el río Níger, en África Occidental.

¿QUÉ ENTRAÑA UN NOMBRE?

David Livingstone y muchos otros exploradores europeos renombraron infinidad de los lugares por los que pasaron. Esto, igual que la apropiación de la tierra, formaba parte de la construcción de un imperio. A partir de la década de 1960, tras conseguir la independencia, muchos países de África recuperaron sus nombres africanos originales.

HATSHEPSUT

Deir el-Bahari es un conjunto de tumbas y templos encastrados en la base de un precipicio cerca de la ciudad egipcia de Luxor (emplazada en la antigua Waset o Tebas). El templo, que se construyó en memoria de la reina-faraón Hatshepsut (1507-1458 a. C.), relata, en asombrosos relieves en piedra, su expedición a Punt.

Hatshepsut fue la segunda reina-faraón de la historia. Gobernó durante una larga época de paz y prosperidad, y algunos de sus encargos son hoy ejemplos de la mejor arquitectura del Antiguo Egipto. Se la ha llamado «la primera gran mujer de la historia». Algunas esculturas la representan con la barba ceremonial de los faraones, aunque es poco probable que realmente la luciera.

Los relieves narran su viaje a Punt, uno de los mayores acontecimientos de su reinado. Muestran los barcos, la tripulación, las tropas, la población y los paisajes de aquellas tierras, además de la valiosa carga que obtuvieron.

Los egipcios ya llevaban siglos comerciando con Punt, pero las tierras del sur todavía se creían lugares insólitos y mágicos. Aquel viaje fue extraordinario porque se tomó registro para las futuras generaciones y por los detalles que dan fe del transporte de plantas y animales vivos. También transportaron incienso, mirra, ¡y hasta 31 árboles de mirra!, lo que convirtió aquel viaje en el primero conocido que trasplantó un árbol a otra tierra.

1841-73	1850-74	1856-59	1861-65	1871	1893-95
El misionero escocés David Livingstone explora África al sur del ecuador.	Los exploradores alemanes Heinrich Barth y Gustav Nachtigal exploran el Sáhara, Sudán y África Occidental.	Los exploradores ingleses Richard Burton y John Hanning Speke buscan las fuentes del Nilo.	Samuel y Florence Baker exploran la cuenca del Nilo y descubren el lago Alberto (Mwitanzige).	El explorador galés H. M. Stanley localiza al perdido David Livingstone cerca del lago Tanganica.	Mary Kingsley explora ríos y bosques en África Occidental.

EXPLORAR EUROPA

Los humanos empezaron a rastrear Europa hace unos 50 000 años. Desde entonces, las rutas comerciales han atravesado todo el continente por tierra y por mar, y las han transitado los antiguos minoicos, romanos, vikingos... No obstante, hasta hace unos pocos cientos de años, cruzarla era una misión peligrosa para los viajeros.

VISUALIZA LAS RUTAS A TRAVÉS DE LA APP

SAN PABLO

San Pablo fue uno de los viajeros más célebres de la cristiandad. En el primer siglo de nuestra era llevó a cabo cuatro grandes viajes por el Imperio romano. En sus travesías se enfrentó a asaltos y superó desiertos, naufragios e inundaciones. La mayoría de sus viajes fueron a Asia Occidental o Grecia, pero el último lo llevó a la mismísima Roma.

SAN PABLO
Cesarea, 59

HIMILCÓN DE CARTAGO

La ciudad de Cartago, en la costa del norte de África, fue fundada por comerciantes fenicios, quienes se encontraban entre los navegantes más importantes del mundo antiguo. Cartago alcanzó su período de mayor poder entre los años 800 y 250 a. C. En torno al 490 a. C. sus navegantes se aventuraron más allá del estrecho de Gibraltar y se adentraron en el océano Atlántico.

Los romanos llamaron a uno de esos exploradores Himilcón, pero en su lengua materna su nombre era Chimilkat. La historia de sus viajes se escribió mucho tiempo después, por lo que es imposible conocer su ruta con certeza. Lo más probable es que zarpase desde el puerto de Gades (actual Cádiz). En aquel tiempo ya existían relaciones comerciales a lo largo de la costa occidental de Europa. Himilcón ascendió por la costa atlántica, y lo más seguro es que fuera deteniéndose en los puertos que encontraba a su paso. Su destino final parece haber sido Bretaña (en Francia), las islas Sorlingas o quizá Cornualles (ambas en Gran Bretaña). Cornualles era famosa por sus exportaciones de estaño, un metal muy preciado.

WILLIAM BECKFORD

Entre los siglos XV y XVI, los europeos redescubrieron el mundo de las antiguas Grecia y Roma, una época que se conoce como Renacimiento. En los siglos XVII y XVIII, los ricos caballeros del norte de Europa (principalmente de Gran Bretaña) comenzaron a viajar a Italia y cultivarse durante un viaje iniciático que se llamó Grand Tour. Se deleitaban con los yacimientos arqueológicos, las maravillas arquitectónicas y las galerías de arte, y, al regresar, podían presumir de sus viajes y de su buen gusto. También a lo largo del siglo XIX, poetas, escritores y artistas románticos atravesaron los Alpes con el fin de admirar los tesoros de Roma, Venecia y Florencia.

En los primeros tiempos se viajaba en carruaje y a caballo, atravesando pasos de montañas escarpadas y arriesgándose a sufrir ataques de los bandidos. Cien años más tarde llegó el ferrocarril, y el Grand Tour empezó a parecerse más a lo que en la actualidad denominamos «año sabático», con un tutor que guiaba a los jóvenes viajeros. Contamos con célebres narraciones de los viajes por Italia de autores tan insignes como el alemán Johann Wolfgang von Goethe (1749-1832) o el coleccionista de arte y novelista William Beckford (1760-1844).

---

c. 180000 a. C. — Los primeros *Homo sapiens* emigran a Europa. Coexisten con pueblos neandertales más antiguos.

c. 2700-1100 a. C. — En Creta se construyen barcos para el comercio con lugares lejanos del Mediterráneo.

c. 1200-500 a. C. — Los navegantes fenicios comercian y exploran Europa, y llegan aun más allá.

c. 800 a. C. — Los antiguos griegos empiezan a navegar las costas del Mediterráneo y del mar Negro.

c. 490 a. C. — Himilcón de Cartago zarpa desde el Mediterráneo para explorar el noroeste de Europa.

c. 325 a. C. — El marino griego Piteas de Masilia (actual Marsella) viaja rumbo norte para explorar Gran Bretaña y el norte de Europa.

TURISTAS DE LA ANTIGÜEDAD

El interés de los turistas por la historia y el arte se remonta a hace unos 2000 años, cuando algunos griegos y romanos adinerados visitaban las ruinas del antiguo Egipto. Incluso dejaron grabados en la piedra sus grafitis. Algunos de ellos todavía pueden verse hoy.

SAN PABLO

La religión siempre ha sido un motivo para emprender viajes, ya sea para peregrinar, estudiar o predicar la fe.
Esto ha ocurrido en numerosas partes del mundo. El hinduismo se expandió desde el sur de la India hacia regiones e islas en el Sudeste Asiático. El budismo propició los viajes entre la India y China, hacia Japón y Asia Central. El islam se extendió desde Arabia a numerosos lugares de Asia, África y Europa.

El primer gran viajero en nombre de la fe cristiana se llamaba Pablo. Paulus es la forma latina del nombre hebreo Saúl. Pablo (c. 5-c. 64 d. C.) fue un judío de Tarso, en Cilicia (actual sur de Turquía). Cuando se convirtió al cristianismo, quiso que todo el mundo se uniese a la nueva fe, sin importar su procedencia étnica o religiosa. Realizó tres grandes viajes por lo que ahora es Turquía y Oriente Próximo, Macedonia y Grecia. Su cuarto viaje, como prisionero del César, fue a Roma. También se piensa que pudo haber visitado España. Se cree que fue ejecutado y que está enterrado en Roma.

RELATOS ASOMBROSOS

Muchos de los primeros exploradores contaban historias fantásticas sobre sus viajes. Los protagonistas –u otros narradores– exageraban los detalles de sus aventuras con descripciones de gigantescos monstruos marinos o espíritus perversos. Hay historiadores que sugieren que ciertos cartagineses como Himilcón pretendía ahuyentar a otros navegantes para evitar tener que competir por sus rutas comerciales.

c. 500 a. C. El matemático griego Pitágoras postula la idea de que la Tierra es redonda.

c. 240 a. C. El geógrafo griego Eratóstenes calcula la longitud de la circunferencia de la Tierra. ¡Y casi da en el clavo!

c. 125 Expansión del Imperio romano a través de la exploración, el comercio y la conquista. Se construyen calzadas que cruzan Europa.

c. 400 Declive del Imperio romano de Occidente. Se producen grandes migraciones a través de Europa.

c. 790-1050 Los vikingos exploran, saquean y comercian por toda Europa y otros territorios lejanos.

1648 La paz entre los Países Bajos y España permite que más europeos realicen el Grand Tour por Europa.

HACIA EL POLO NORTE

La mayor superficie helada del planeta no es una masa terrestre sino un océano: el Ártico. Limita con las costas de Alaska, Suecia, Noruega, Finlandia, Rusia y Groenlandia y su punto central es el Polo Norte. Allí el sol no se pone nunca en pleno verano y no sale jamás en invierno. El cambio climático está incrementando el deshielo en el Ártico, y ha puesto a su naturaleza en peligro.

VISUALIZA LAS RUTAS A TRAVÉS DE LA APP

WALLY HERBERT

El inglés Walter William Herbert exploró el Ártico y la Antártida. Para ello recurrió a embarcaciones tradicionales y a trineos tirados por perros. Herbert caminó y se deslizó sobre hielo hasta alcanzar el Polo Norte el 6 de abril de 1969.

WALLY HERBERT
Alaska, 1969

ROBERT PEARY

WALLY HERBERT

El explorador Robert Peary (1856-1920) era un experimentado topógrafo e ingeniero civil y se enroló en la Armada de Estados Unidos en 1881. Realizó dos expediciones a Groenlandia, en 1886 y 1891. Le siguieron otras tres en 1898-1902, 1905-1906 y 1908-1909. Aprendió del pueblo inuit cómo atravesar los complicados y peligrosos territorios movedizos de hielo. Su primer oficial, su piloto y ayudante habitual, fue un afroamericano llamado Matthew Henson.

La expedición de 1908-1909 al Polo Norte fue una gran hazaña. No obstante, cuando Peary regresó, el explorador Frederick Cook aseguró que había alcanzado el Polo Norte en 1908, antes que él. Esta reclamación se rechazó y Peary fue aclamado como un héroe. Sin embargo, no hay datos fidedignos sobre la posición que alcanzó Peary y, con el tiempo, muchos empezaron a sospechar de la falta de pruebas y de la datación. ¿Había sido un error de Peary o había exagerado para inducir a confusión? Hoy en día aún se discute sobre ello.

Durante el siglo XX, las expediciones llegaron al Ártico en avión, dirigible e incluso en submarino. La primera que alcanzó el Polo Norte por tierra —a pie y en trineo—, que se ha podido verificar, la dirigió Walter William «Wally» Herbert (1934-2007). Su expedición británica transártica llegó al Polo en abril de 1969, exactamente cinco meses antes de la llegada de los primeros humanos a la Luna.

Herbert ya era todo un veterano de la exploración antártica. Poseía un probado historial de resistencia que le resultó imprescindible para cruzar y acampar en el hielo durante la infinita oscuridad del invierno. La expedición también contaba con el doctor Roy «Fritz» Koerner, el doctor Ken Hedges y Alan Gill. Su trabajo científico fue prodigioso y sus investigaciones del hielo ártico son ahora más importantes que nunca, ya que el cambio climático amenaza con destruir la naturaleza helada que ha desafiado a los exploradores durante tanto tiempo.

c. 4000 a. C.	c. 2500 a. C.	c. 325 a. C.	980	1827-1879	1895
Los pobladores del Ártico empiezan a emigrar desde Siberia hacia el Ártico norteamericano.	Primer asentamiento de pobladores árticos en Groenlandia.	Piteas de Masalia navega rumbo norte hasta el mar de hielo. Menciona una tierra norteña llamada Thule.	Los vikingos exploran Groenlandia y se asientan allí.	Tres expediciones (británicas, estadounidenses y alemanas) intentan, sin éxito, llegar al Polo Norte.	El explorador noruego Fridtjof Nansen trata de alcanzar el Polo Norte dejándose ir a la deriva, impulsado por banquisas de hielo.

PERDIDOS EN EL HIELO

En 1845, *sir* John Franklin comandó una expedición naval hacia el Paso del Noroeste. Sus dos barcos quedaron atrapados en el hielo en el estrecho Victoria y todos perecieron: 129 hombres.

FRIDTJOF NANSEN

El explorador noruego Fridtjof Nansen (1861-1930) fue campeón de esquí y esquiador de fondo en su juventud. Tras viajar por mar y llevar a cabo investigaciones científicas, atravesó Groenlandia sobre esquís de este a oeste en 1888.

Nansen se quedó fascinado por las teorías sobre la deriva transpolar del hielo, que se creía ocasionada por las corrientes profundas del océano Glacial Ártico, y decidió ponerlas a prueba con un experimento muy arriesgado. Quizá la expedición ártica de 1893-1896 no lo condujo hasta el Polo Norte, pero fue una empresa provechosa y de mucho éxito. ¡Y qué resistencia la de su barco: el Fram! Ese mismo barco llevaría a Roald Admundsen al Polo Sur en 1910-1912 (ver p. 38).

Nansen fue mucho más que un simple explorador. Se convirtió en un destacado científico, hizo campaña a favor de la separación de Noruega y Suecia –que habían permanecido unidas desde 1814–, fue un firme defensor de la Sociedad de Naciones tras la Primera Guerra Mundial y apoyó incansablemente los derechos de los refugiados, lo que le valió el Premio Nobel de la Paz en 1922.

NO ES ORO TODO LO QUE RELUCE

En torno al año 1576, el explorador Martin Frobisher arribó a la isla Resolución y la bahía Frobisher, que hoy forma parte de Nunavut, Canadá. Intentó tres veces cruzar el Paso del Noroeste. Regresó de su segundo viaje con 200 toneladas de mena. Creía que se trataba de oro, pero no es oro todo lo que reluce: era pirita, un mineral de escaso valor.

1909 — El estadounidense Robert Peary asegura haber alcanzado el Polo Norte. Más tarde su logro se pone en duda.

1926 — El dirigible Norge sobrevuela el Polo Norte, con Roald Amundsen, Lincoln Ellsworth y Umberto Nobile.

1948 — Aviones de la Unión Soviética aterrizan sobre el hielo y sus tripulantes caminan hasta el Polo Norte.

1958 — El submarino Nautilus (de EE. UU.) navega por debajo del casquete de hielo en el Polo Norte.

1969 — Wally Herbert y su equipo llegan al Polo Norte a pie y en trineos tirados por perros.

SIGLO XXI — Crece la preocupación por el deshielo del casquete ártico a causa del cambio climático.

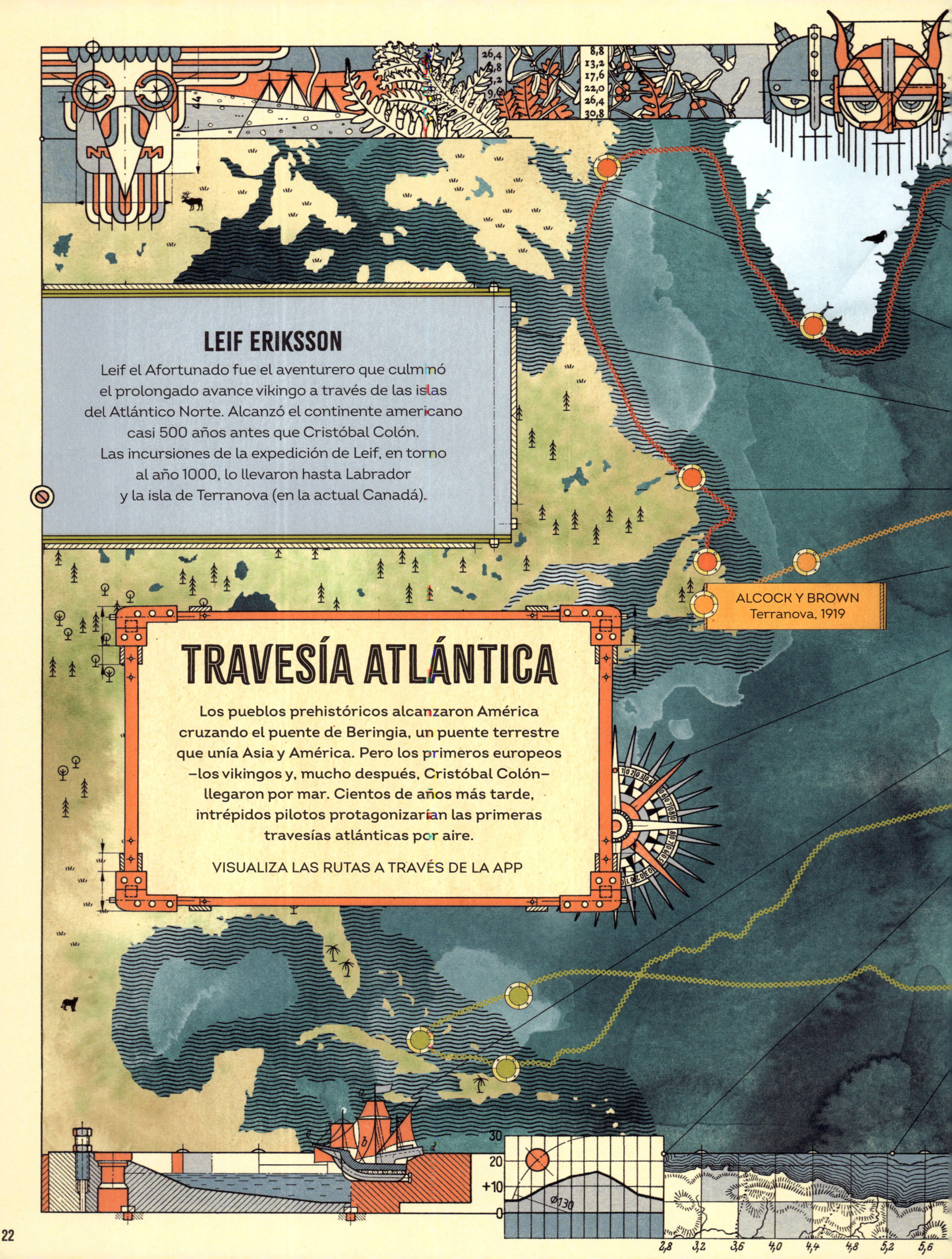

LEIF ERIKSSON

Leif el Afortunado fue el aventurero que culminó el prolongado avance vikingo a través de las islas del Atlántico Norte. Alcanzó el continente americano casi 500 años antes que Cristóbal Colón. Las incursiones de la expedición de Leif, en torno al año 1000, lo llevaron hasta Labrador y la isla de Terranova (en la actual Canadá).

ALCOCK Y BROWN
Terranova, 1919

TRAVESÍA ATLÁNTICA

Los pueblos prehistóricos alcanzaron América cruzando el puente de Beringia, un puente terrestre que unía Asia y América. Pero los primeros europeos —los vikingos y, mucho después, Cristóbal Colón— llegaron por mar. Cientos de años más tarde, intrépidos pilotos protagonizarían las primeras travesías atlánticas por aire.

VISUALIZA LAS RUTAS A TRAVÉS DE LA APP

JOHN ALCOCK Y ARTHUR WHITTEN BROWN

Tras la Primera Guerra Mundial la aviación despertó un enorme entusiasmo. Se celebraban exhibiciones y carreras aéreas, así como espectáculos de acrobacias. Ya antes de la guerra un periódico británico había ofrecido un premio de 10000 libras a quien llevase a cabo el primer vuelo trasatlántico, y este desafío se retomó en tiempos de paz. John Alcock (1892-1919) y Arthur Whitten Brown (1896-1948) aceptaron el reto.

A bordo de su biplano Vickers Vimy cruzaron el Atlántico a una velocidad media de 185 km/h y alcanzaron una altitud de 3700 m, lo que les hizo valedores del premio. Su viaje no estuvo exento de complicaciones: se enfrentaron a la niebla, a la nieve y al hielo. El aeroplano también transportaba correspondencia, así que su vuelo se convirtió en el primer servicio de correo aéreo transatlántico.

Por desgracia, tan solo seis meses después de finalizar su gran hazaña, Alcock falleció en un accidente de aviación en Francia.

CRISTÓBAL COLÓN

Se cree que Cristóbal Colón (1451-1506) nació en la ciudad italiana de Génova. Es probablemente el navegante más conocido de todos los tiempos. Su travesía del océano Atlántico en 1492 fue un hito en la exploración europea.

Colón planeó una nueva vía para llegar a las riquezas de la India: navegar hacia el oeste para dar la vuelta al globo (en dirección opuesta a los itinerarios conocidos). Su objetivo era abrir nuevas rutas comerciales y difundir la fe cristiana. En agosto de 1492 Colón emprendió su primer viaje trasatlántico. Tocó tierra a finales de octubre en Guanahani (actual Bahamas), a la que bautizó como San Salvador, convencido de que había llegado a la India.

En 1493, 1498 y 1502 hizo tres viajes más. En el año 1500, ante los desórdenes en La Española, un nuevo gobernador acusó a Colón de tiranía e hizo que lo enviaran –preso y encadenado– a España. Aun así, volvió una vez más. Colón murió en 1506 en la ciudad española de Valladolid.

Para los pueblos indígenas de América, la invasión europea supuso la pérdida de sus tierras, la aparición de enfermedades, genocidio y esclavitud.

982-1003 — Marinos vikingos cruzan el Atlántico Norte y llegan a Groenlandia y el continente americano.

1402-96 — Conquista de las islas Canarias. Se someterá a los aborígenes, isla a isla.

1478 — Tratado de Alcaçovas. Los reinos de Portugal y Castilla reparten sus tierras en el Atlántico. Canarias queda bajo la corona de Castilla.

1492 — Primera de las cuatro travesías de Cristóbal Colón por el océano Atlántico.

1497-1501 — Los tres viajes de Américo Vespucio demuestran que el continente al que llegó Colón no forma parte de Asia. América recibe su nombre.

1500 — Pedro Álvarez Cabral zarpa de Portugal y llega a la costa de Brasil. A su regreso navega por la costa de África.

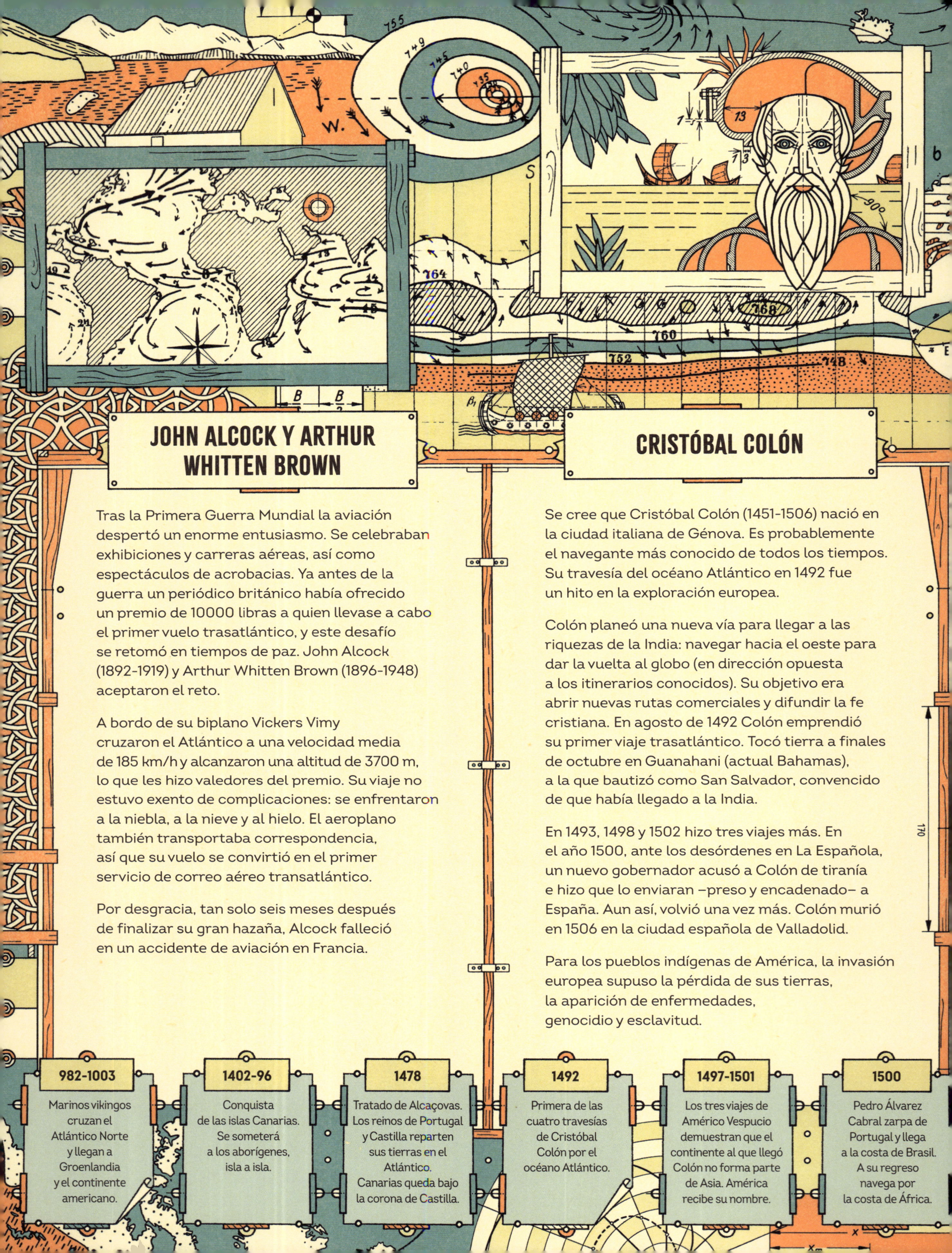

COLÓN Y LAS SIRENAS

En 1493, Cristóbal Colón creyó ver en el mar a tres sirenas, y se lamentó porque eran mucho menos hermosas de lo que esperaba. No es de extrañar; lo más probable es que viera manatís, unos mamíferos marinos ¡que pueden llegar a pesar media tonelada!

LEIF ERIKSSON

Además de guerreros feroces y experimentados, comerciantes y colonos, los vikingos fueron los grandes exploradores de la Alta Edad Media. A partir del año 800 cruzaron el Atlántico Norte por etapas: desde las islas Feroe hacia Islandia y, una vez allí, hasta Groenlandia.

Groenlandia, la isla más grande del planeta, se sitúa al norte del continente americano y su primer asentamiento lo fundó en torno a 982 el vikingo Erik Thorvaldsson, el conocido Erik El Rojo. Fue su hijo Leif Eriksson, (c. 970-c. 1020), apodado El Afortunado, el primer europeo que pisó Norteamérica. Se aventuró hacia allí gracias a las crónicas de un vikingo llamado Bjarni Herjólffson, que divisó su costa en 986, cuando una tormenta lo desvió de su ruta a Groenlandia hacia el oeste.

Leif organizó una exploración alrededor del año 1000. A esta siguieron otras, así como un breve intento de asentamiento, malogrado por las hostilidades con los nativos de la zona. En la década de 1960 los arqueólogos hallaron restos de construcciones vikingas en La Ensenada de las Medusas, en la isla canadiense de Terranova.

EL REPARTO DEL NUEVO MUNDO

En la época dorada de los descubrimientos, los europeos se arrogaban el derecho a reclamar la propiedad de cualquier territorio que no fuese cristiano; solo tenían que clavar allí su bandera. España y Portugal rivalizaron en todo el mundo, por lo que el papa Alejandro V –máximo dirigente de la Iglesia católica– intermedió en un acuerdo conocido como el Tratado de Tordesillas (1494). Sobre un mapa del océano Atlántico, trazó una línea a cien leguas (unos 550 km) al oeste de Cabo Verde. Las tierras situadas al oeste pertenecerían a España, mientras que las que quedaban al este serían de Portugal. En 1506 esa línea se desplazó hacia el oeste para que Portugal pudiese reclamar Brasil.

1524 Giovanni da Verrazzano es el primer europeo en avistar lo que será Nueva York.

1566 España inaugura la primera ruta comercial que cruza el Atlántico.

1919 El NC-4, pilotado por el estadounidense Albert Cushing Read, es el primer aeroplano que cruza el Atlántico, con varias paradas intermedias.

1919 John Alcock y Arthur Brown realizan el primer vuelo transatlántico sin paradas.

1927 El aviador estadounidense Charles Lindbergh protagoniza el primer vuelo en solitario sobre el Atlántico a bordo de su monoplano.

1969-70 El noruego Thor Heyerdahl y su tripulación cruzan el Atlántico a bordo de dos barcos construidos con juncos en la expedición Kon-tiki.

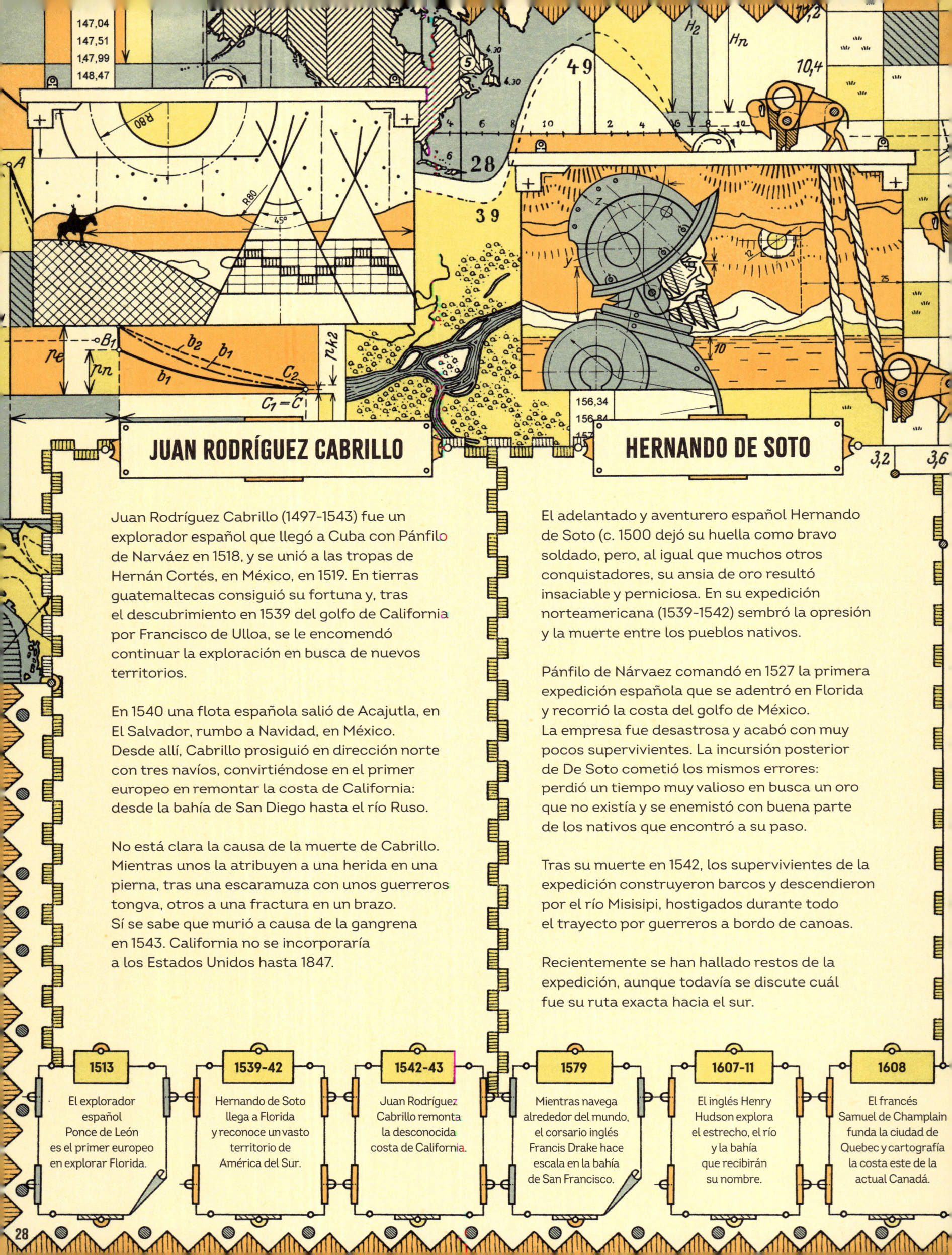

JUAN RODRÍGUEZ CABRILLO

Juan Rodríguez Cabrillo (1497-1543) fue un explorador español que llegó a Cuba con Pánfilo de Narváez en 1518, y se unió a las tropas de Hernán Cortés, en México, en 1519. En tierras guatemaltecas consiguió su fortuna y, tras el descubrimiento en 1539 del golfo de California por Francisco de Ulloa, se le encomendó continuar la exploración en busca de nuevos territorios.

En 1540 una flota española salió de Acajutla, en El Salvador, rumbo a Navidad, en México. Desde allí, Cabrillo prosiguió en dirección norte con tres navíos, convirtiéndose en el primer europeo en remontar la costa de California: desde la bahía de San Diego hasta el río Ruso.

No está clara la causa de la muerte de Cabrillo. Mientras unos la atribuyen a una herida en una pierna, tras una escaramuza con unos guerreros tongva, otros a una fractura en un brazo. Sí se sabe que murió a causa de la gangrena en 1543. California no se incorporaría a los Estados Unidos hasta 1847.

HERNANDO DE SOTO

El adelantado y aventurero español Hernando de Soto (c. 1500 dejó su huella como bravo soldado, pero, al igual que muchos otros conquistadores, su ansia de oro resultó insaciable y perniciosa. En su expedición norteamericana (1539-1542) sembró la opresión y la muerte entre los pueblos nativos.

Pánfilo de Nárvaez comandó en 1527 la primera expedición española que se adentró en Florida y recorrió la costa del golfo de México. La empresa fue desastrosa y acabó con muy pocos supervivientes. La incursión posterior de De Soto cometió los mismos errores: perdió un tiempo muy valioso en busca un oro que no existía y se enemistó con buena parte de los nativos que encontró a su paso.

Tras su muerte en 1542, los supervivientes de la expedición construyeron barcos y descendieron por el río Misisipi, hostigados durante todo el trayecto por guerreros a bordo de canoas.

Recientemente se han hallado restos de la expedición, aunque todavía se discute cuál fue su ruta exacta hacia el sur.

1513 — El explorador español Ponce de León es el primer europeo en explorar Florida.

1539-42 — Hernando de Soto llega a Florida y reconoce un vasto territorio de América del Sur.

1542-43 — Juan Rodríguez Cabrillo remonta la desconocida costa de California.

1579 — Mientras navega alrededor del mundo, el corsario inglés Francis Drake hace escala en la bahía de San Francisco.

1607-11 — El inglés Henry Hudson explora el estrecho, el río y la bahía que recibirán su nombre.

1608 — El francés Samuel de Champlain funda la ciudad de Quebec y cartografía la costa este de la actual Canadá.

ANIMALES DESCONOCIDOS

Lewis y Clark registraron todas las plantas y animales que iban encontrando. Entre ellas se contaban ejemplares nunca vistos en otras partes del mundo. Algunas recibieron los nombres de los exploradores.

MERIWETHER LEWIS Y WILLIAM CLARK

La expedición del Cuerpo de Exploradores de los Estados Unidos (de 1804 a 1806), al mando del capitán Meriwether Lewis, con el subteniente William Clark como mano derecha, siguió unas estrictas directrices militares. Rastrearon el territorio de Luisiana que Estados Unidos acababa de comprar a Francia y recorrieron el río Misuri en dirección oeste. Atravesaron las Grandes Llanuras y cruzaron las Montañas Rocosas, para seguir el curso del río Columbia hasta el océano Pacífico. Una vez allí dieron la vuelta.

A pesar de la dura travesía —casi mueren de hambre, se toparon con osos pardos y descendieron los rápidos de aguas bravas—, la expedición perdió a un único hombre, y su muerte se debió a causas naturales.

Lewis y Clark tuvieron éxito en su misión no solo gracias a sus muchas habilidades, sino porque, a lo largo de su recorrido, evitaron los enfrentamientos con las numerosas naciones indias. De hecho, de no ser por la ayuda de los nativos, que eran quienes de verdad conocían el terreno, jamás hubieran sobrevivido.

Además, recibieron la ayuda de comerciantes de pieles y de pioneros con los que se cruzaron en lugares remotos. Fueron claves para el éxito de su hazaña Sacajawea (c. 1788-1812), una valiente mujer shoshone —incluso dio a luz durante el viaje—, y su marido francocanadiense Toussaint Charbonneau. Los logros científicos y geográficos de la expedición fueron excepcionales.

Los objetivos de la expedición eran militares, políticos y económicos, lo que no agradó a los españoles de California. Para los Estados Unidos la apertura hacia el oeste fue crucial en su desarrollo, pero resultó desastrosa para las naciones indias.

1673-87
Robert Cavalier de La Salle recorre el territorio desde los Grandes Lagos hasta el golfo de México.

1778
James Cook descubre las islas Hawái y navega rumbo al norte hacia el Círculo Polar Ártico en busca del Paso del Noroeste.

1783-86
El comerciante ruso Grigory Shélikhov dirige una expedición en Alaska.

1790
El comerciante de pieles y topógrafo David Thompson comienza a cartografiar cerca de 4,9 millones de km² de Norteamérica.

1804-06
Lewis, Clark y Sacajawea forman parte de la expedición estadounidense desde San Luis a la costa del Pacífico.

1842-54
John Charles Frémont explora las Montañas Rocosas y el Oeste americano.

CENTROAMÉRICA Y SUDAMÉRICA

Durante decenas de miles de años, los pueblos han emigrado y se han asentado en América Central y América del Sur. En los actuales México y Perú se desarrollaron magníficas civilizaciones y grandes ciudades. Se cree que exploradores o comerciantes polinesios podrían haber llegado a la costa del Pacífico del sur del continente americano mucho antes de que lo hicieran los europeos en el siglo XVI. Estos brutales conquistadores llegaron en busca de oro y tierras, pero más tarde aparecerían otros exploradores cuyo interés era científico.

VISUALIZA LAS RUTAS A TRAVÉS DE LA APP

CHARLES DARWIN
Salvador, 1831

ALEXANDER VON HUMBOLDT
Cumaná, 1799

FRANCISCO DE ORELLANA
Quito, 1542

ALEXANDER VON HUMBOLDT

El científico y geógrafo prusiano Alexander von Humboldt exploró los territorios de las actuales Venezuela, Cuba, Colombia, Ecuador y México. Estudió su clima, su cartografía, su vegetación y su fauna, su geología, su historia y sus culturas.

CHARLES DARWIN

El naturalista inglés Charles Darwin se embarcó en el navío hidrográfico HMS Beagle en su segundo viaje a Sudamérica, entre 1831 y 1834. Mientras el barco cartografiaba la costa, Darwin estudiaba los fósiles, la geología, la botánica y la fauna salvaje.

FRANCISCO DE ORELLANA

Orellana fue un conquistador español que se unió a la campaña liderada por Francisco Pizarro en el Perú. En 1542, Orellana y sus hombres se dirigieron al este, más allá de los Andes. Descendieron el curso completo del sistema fluvial del Amazonas hasta llegar al océano Atlántico.

CHARLES DARWIN

Los escritos de Alexander von Humboldt inspiraron a un joven naturalista inglés: Charles Darwin (1809-1882). Su fascinación por la zoología, y la botánica hizo que se uniera al HMS Beagle en un viaje que dio la vuelta al mundo y que incluía un reconocimiento minucioso de la costa de América del Sur.

Durante la larga travesía, Darwin pasó el mayor tiempo posible en tierra firme, recolectando especímenes de plantas y animales. Vivió numerosas aventuras en bosques pluviales, praderas y montañas. Presenció la erupción de un volcán y un terremoto, y fue testigo directo del genocidio continuo de la población indígena. Su última escala en Sudamérica fue en las ardientes rocas volcánicas de las islas Galápagos, donde estudió la diversidad de la población de pinzones.

«¿A qué se debe que haya tantas especies y que presenten pequeñas diferencias?», se preguntó. Ese fue el punto de partida para desarrollar su teoría de la evolución, que ayuda a explicar cómo las especies se adaptan y cambian a lo largo del tiempo. A Darwin se le considera uno de los mayores científicos de la historia.

FRANCISCO DE ORELLANA

Los conquistadores españoles saquearon los tesoros del Imperio inca, al tiempo que mantenían sus propias luchas internas. Entre ellos estaba el soldado español Francisco de Orellana (1511-1546), que ya en 1533 formaba parte del ejército de Francisco Pizarro en Perú.

En 1541, ante las dificultades que encontraron al poco de partir, Orellana y sus hombres decidieron abandonar la ruta a pie y optaron por descender las vías del poderoso sistema fluvial del río Amazonas. En su trayecto se extendía en ambas orillas el mayor bosque pluvial del planeta, con vegetación, fauna y pobladores totalmente desconocidos para ellos. La travesía se convirtió en un calvario. Con frecuencia, los barcos de Orellana eran recibidos con una lluvia de dardos envenenados y una feroz resistencia. También sufrieron el ataque de una tribu de mujeres guerreras, a las cuales se debe el nombre del río Amazonas, en recuerdo de las guerreras de la mitología griega. Consiguieron llegar al océano en 1542. En 1545 Orellana realizó una nueva expedición por el Amazonas, pero los naufragios, los ataques y las deserciones acabaron con la muerte del explorador en 1546.

1513 — Vasco Núñez de Balboa se convierte en el primer europeo en avistar el océano Pacífico desde América.

1519-20 — El portugués Fernando de Magallanes navega la costa atlántica de Sudamérica y atraviesa el estrecho de Magallanes hasta el Pacífico.

1519-21 — El conquistador Hernán Cortés invade el Imperio azteca en México. A su paso destruye la ciudad de Tenochtitlán.

1528-32 — Francisco Pizarro invade Perú. Derrota al Imperio inca tras un largo y sangriento período de cuarenta años.

1541-42 — Francisco de Orellana desciende el curso completo del río Amazonas.

1595 — El aventurero inglés Walter Raleigh explora la Guyana, en busca de la legendaria tierra de El Dorado.

EN BUSCA DE EL DORADO

En el albor de la llegada de los españoles se propagó el rumor de la existencia de un jefe indígena tan rico que estaba cubierto de polvo de oro. Los españoles lo llamaron El Dorado. Muchos exploradores emprendieron el viaje en su busca.

ALEXANDER VON HUMBOLDT

Alexander von Humboldt (1769-1859) fue un científico prusiano natural de Berlín que contribuyó a cartografiar y estudiar América Central y el norte de América del Sur de un modo verdaderamente científico. En 1799, junto al botánico francés Aimé Bonpland, zarpó desde A Coruña hacia el Nuevo Mundo en una travesía de investigación científica.

Humboldt era un explorador vigoroso y tenaz. Atravesó bosques frondosos, escaló cumbres de altas montañas, remontó ríos tropicales en canoa entre nubes de mosquitos y se alimentó con una dieta frugal. Registró desde las plantas hasta la altitud de las montañas, así como los animales, minerales y artefactos antiguos que encontraba a su paso. Cubrió cerca de 10 000 km.

En una época en la que buena parte de los relatos sobre el Nuevo Mundo estaban salpicados de exageraciones y misterio, se aseguró de medir y registrar todo cuanto veía con la mayor precisión. Para ello utilizó el equipamiento más moderno.

Los intereses de Humboldt englobaban un abanico extraordinario de disciplinas: geología, botánica, zoología, astronomía, el tiempo y el clima, las corrientes oceánicas, la economía y la sociedad. Comprendía las relaciones y los procesos que sostienen la vida sobre la Tierra, y, ya entonces, le preocupaba el impacto de los humanos en los hábitats y el clima.

Como científico, Humboldt fue extremadamente minucioso en sus mediciones y siempre buscaba nuevas formas de mostrar los datos para facilitar su comprensión. Fue él quien ideó las isobaras —las líneas que simbolizan los puntos de igual presión atmosférica en un mapa meteorológico— e incluso recurrió a sus mediciones para describir, por primera vez, el cambio climático causado por el hombre.

1617	1799	1800-04	1826-30	1832-35	1842-54
Walter Raleigh regresa a la Guyana en una segunda misión. No encuentra rastro de El Dorado.	El geógrafo y científico Alexander von Humboldt explora Venezuela.	Humboldt explora Cuba, las montañas de los Andes y México.	Investigación hidrográfica británica de Tierra del Fuego por el bergantín HMS Beagle.	El naturalista Charles Darwin, a bordo del Beagle, explora la costa de Sudamérica.	Alfred Russel Wallace explora la cuenca del Amazonas y estudia sus plantas, animales, pobladores e idiomas.

ROBERT O'HARA BURKE Y WILLIAM WILLS

En 1860, Robert Burke y William Wills salieron desde Melbourne hacia la costa norte de Australia. Cruzaron desiertos inhumanos y alcanzaron la costa norte, en un viaje repleto de peligros.

CRUZAR OCEANÍA

Hace trescientos años, Australia era un territorio virgen de rocas rojas y desiertos abrasadores. Al este se levantaban las cumbres nevadas de Nueva Zelanda y el océano Pacífico. Los exploradores europeos navegaron hasta allí en busca de tierras insospechadas. Pero los aborígenes y los habitantes de las islas del Pacífico conocían desde hacía milenios los secretos de Oceanía...

VISUALIZA LAS RUTAS A TRAVÉS DE LA APP

ROBERT BURKE Y WILLIAM WILLS
Melbourne, 1860

ABEL TASMAN
Océano Antártico, 1642

ROBERT O'HARA BURKE Y WILLIAM JOHN WILLS

El siglo XIX fue testigo de la exploración territorial de Australia. Las expediciones cruzaron la Gran Cordillera Divisoria, cartografiaron el curso de los ríos, buscaron en vano un gran mar interior y atravesaron inmensos desiertos. Y en cada empresa, los peligros fueron extremos.

Una de esas expediciones partió de Melbourne en 1860; la dirigían Robert O'Hara Burke (1821-1861) y William John Wills (1834-1861). ¿Su objetivo? Cruzar el continente de sur a norte. Esta aventura evidenció que los invasores europeos carecían de las habilidades de supervivencia que los aborígenes habían perfeccionado con el tiempo.

Llegaron al golfo de Carpentaria tras superar desiertos y pantanos, pero el equipaje era excesivo, estaban mal organizados y discutían con demasiada frecuencia. Ambos exploradores murieron de inanición durante el viaje de regreso.

ABEL TASMAN

En 1642, la Compañía Neerlandesa de las Indias Orientales organizó un viaje de reconocimiento, comandado por el capitán de la Marina holandesa Abel Tasman (1603-1659). Tasman fue el primer europeo en avistar la isla de Tasmania, a la que dio el nombre de Tierra de Van Diemen. En 1856 la isla fue renombrada en su honor.

El viento impulsó los buques holandeses hacia el este, en dirección a la isla sur de Nueva Zelanda —que en aquel tiempo también era desconocida para los europeos—. Cuando echaron el ancla en la bahía Golden, sufrieron el ataque de guerreros maorís a bordo de sus veloces canoas. En cambio, en las islas Tonga el recibimiento fue más amistoso. Después, en Fiyi, estuvieron a punto de naufragar.

En 1644 Tasman encabezó un segundo viaje por el Pacífico. Recorrió la costa de Nueva Guinea y exploró el golfo de Carpentaria antes de alcanzar la costa norte de Australia.
A su regreso, la expedición no llevó grandes riquezas, pero sus descubrimientos situaron a Australia («Nueva Holanda») y a Nueva Zelanda en los mapas europeos.

Hace unos 60 000 años	c. 2000 a. C.	c. 1200 a. C.	c. 1280	1605-06	1616
Primer asentamiento de pueblos aborígenes en Australia.	Migraciones hacia las islas del Pacífico desde el Sudeste Asiático.	Los polinesios empiezan a descubrir y colonizar las islas del Pacífico.	El pueblo polinesio de los maorís descubre y coloniza Aotearoa (Nueva Zelanda).	El navegante holandés Willem Janszoon avista la península de Cabo York, en Queensland, Australia.	El comerciante holandés Dirck Hartog llega a la bahía de Shark, en Australia Occidental.

«HAZ SOLO UNA VEZ AQUELLO QUE LOS DEMÁS DICEN QUE NO SERÁS CAPAZ DE HACER, Y NUNCA VOLVERÁS A PRESTAR ATENCIÓN A SUS LIMITACIONES».
James Cook

JAMES COOK

En 1769, el buque de la Marina británica HMS Endeavour, capitaneado por el teniente James Cook (1728-1779), entró en la bahía de Matavai, en Tahití, tras una travesía de ocho meses desde Inglaterra. Su misión consistía en observar la órbita de Venus.

Al arribar a su destino, Cook recibió unas órdenes que lo llevaron a explorar los territorios descubiertos por Tasman un siglo antes. En este viaje lo acompañaron un navegante tahitiano llamado Tupaia y el gran botánico y naturalista Joseph Banks. Una vez en Nueva Zelanda, Cook dedicó meses a cartografiar la costa. Fue entonces cuando descubrió el estrecho existente entre sus dos islas principales.

Cook prosiguió su viaje a lo largo de la desconocida costa este de Australia. Entró en la bahía de Botany en 1770. Durante una travesía hacia el norte, el barco encalló en la Gran Barrera de Coral y la reparación del caso se prolongó casi dos meses.

Cook prosiguió rumbo norte hasta el estrecho de Torres y de ahí hacia el oeste para regresar a casa.

En su segundo viaje (1772-1775), ya como capitán, llevó a sus dos navíos a adentrarse en las lejanas y heladas aguas antárticas. También visitó la isla de Pascua (Rapa Nui), las Marquesas, Tahití, las Nuevas Hébridas y Nueva Caledonia.

Su tercer y último viaje (1776-1779) lo condujo hasta el distante Pacífico Norte, al estrecho de Bering y Alaska. James Cook fue apuñalado y asesinado durante una disputa con los isleños polinesios de Hawái.

1642-44
Abel Tasman viaja a Tasmania, Nueva Zelanda, Tonga, Fiyi y el norte de Australia.

1688
El explorador inglés William Dampier pasa tres meses en el noroeste de Australia.

1768-71
James Cook zarpa desde Inglaterra hacia Tahití, cartografía Nueva Zelanda y explora la costa oriental de Australia.

1787-88
El conde de La Pérouse explora las islas del Pacífico y Australia.

1791-93
El explorador Antoine Bruni d'Entrecasteaux navega a Oceanía. Cartografía numerosas costas.

1791-1810
El marino inglés Matthew Flinders explora Oceanía y acaba por circunnavegar toda la costa australiana.

ERNEST SHACKLETON
Georgia del Sur, 1914

ERNEST SHACKLETON

En 1914, el veterano Ernest Shackleton intentó cruzar el continente antártico. Su historia se convirtió en un relato de valentía y supervivencia después de que uno de sus barcos, el Endurance, quedase atrapado en el hielo y se hundiera.

OBJETIVO: EL POLO SUR

Un manto de hielo, de un grosor medio de 1,9 km, cubre casi todo de este territorio: 14 millones de km². El hielo se extiende en plataformas hacia el mar que rodea la zona. La Antártida es el lugar más frío y ventoso del planeta. Nadie vive allí, excepto los investigadores en sus bases científicas. Ningún explorador conocido avistó esta tierra antes de 1820. Solo los aventureros más valientes y tenaces se han atrevido a explorar este lugar.

VISUALIZA LAS RUTAS
A TRAVÉS DE LA APP

ROBERT FALCON SCOTT

El 17 de enero de 1912, en su segunda expedición antártica, Scott y su equipo llegaron al Polo. Para entonces, Amundsen los había adelantado. Los 1.300 km de regreso fueron inclementes, y los cuatro componentes de la misión perdieron la vida a tan solo 18 km de una base segura.

ROBERT FALCON SCOTT
Isla de Ross, 1912

ROALD AMUNDSEN
Bahía de las Ballenas, 1911

ROALD AMUNDSEN

El 14 de diciembre de 1911, el equipo del explorador noruego Roald Amundsen fue el primero en alcanzar el Polo Sur; solo 35 días antes que Scott. Para ello se abrieron camino durante 56 penosas jornadas mediante esquís y trineos tirados por perros.

ERNEST SHACKLETON

Ernest Shackleton (1874-1922) nació en Irlanda y se crió en Inglaterra. Tras viajar a la Antártida junto a Robert Falcon Scott (ver página 41), Shackleton organizó y dirigió su propia expedición (1907-1909) a bordo del buque Nimrod. Estableció su base en Cabo Royds y desde allí viajó hacia el sur, superando en distancia a quienes lo habían precedido.

Shackleton siempre apoyó a sus hombres y estos lo apreciaban (a diferencia de lo que le ocurría a Scott). Descubrió el glaciar Beardmore y su expedición también ascendió el monte Erebus: el volcán antártico de mayor actividad. Su extraordinaria determinación quedó patente cuando durante su expedición trasatlántica (1914-1917) superó grandes adversidades para rescatar a varios de sus hombres.

En 1922, al poco de emprender una nueva expedición, Shackleton, murió de un ataque al corazón.

ROALD AMUNDSEN

El explorador polar noruego Roald Amundsen (1872-1928) fue merecedor de su extraordinaria popularidad en todo el planeta. Viajó por primera vez a la Antártida entre los años 1897 y 1899 como parte de una expedición belga. Entre 1903 y 1906 alcanzó su objetivo de navegar por el laberinto de islas árticas, con el fin de encontrar un camino entre los océanos Atlántico y Pacífico por el del Paso del Noroeste. Entre 1910 y 1912 regresó a la Antártida para alcanzar el Polo Sur, el punto más remoto y desolado de la Tierra.

Esto ya era una hazaña suficiente, pero él era un explorador infatigable. Con un nuevo barco, el Maud, abrió un nuevo capítulo en la aventura y la investigación científica: exploró el mar de Kara, Siberia, el mar de Bering y Alaska. En ese tiempo, Amundsen sufrió el ataque de osos polares y el Maud quedó atrapado en el hielo durante prolongados períodos de tiempo. En 1925 voló con su equipo hasta el Polo Norte en el dirigible Norge, con la consiguiente satisfacción de haber pisado ambos Polos. Tres años más tarde, se perdió a bordo de su aeroplano durante una misión de búsqueda y rescate en el Ártico.

1772-73
El oficial británico James Cook cruza el Círculo Antártico a bordo del HMS Resolution.

1819-21
Los rusos Fabian Bellingshausen y Mijaíl Lázarev descubren oficialmente la plataforma y la masa de hielo de la Antártida.

1821
Un equipo estadounidense de cazadores de focas, liderado por el marino John Davis, es el primero en poner pie en la Antártida.

1839-43
El oficial de la Marina británica James Clark Ross descubre la plataforma de hielo Ross, el monte Erebus y la Tierra de Victoria.

1901-04
La expedición de Scott a bordo del Discovery realiza una intensa investigación científica y exploratoria.

1907-09
La expedición Nimrod, dirigida por Ernest Shackleton, se queda a solo 181 km del Polo Sur.

EL ÚLTIMO TERRITORIO VIRGEN

Hoy en día, la Antártida sigue siendo el lugar más despoblado del planeta, y su naturaleza se mantiene intacta. Todavía atrae a los científicos, ya que en sus profundidades heladas guarda el registro de las condiciones climáticas del pasado, un tesoro para conocer mejor el planeta.

ROBERT FALCON SCOTT

Robert Falcon Scott (1868-1912) recorrió el mundo en la Marina británica antes de convertirse en explorador. Entre 1901 y 1904, al mando del buque Discovery, dirigió la expedición británica a la Antártida. Contaba con un equipo numeroso, pero sin experiencia en lugares con climas fríos y extremos. Aun así, Scott, Ernest Shackleton y Edward Wilson consiguieron avanzar hacia el sur. Allí descubrieron la meseta Antártica, un área inmensa y desolada del tamaño de Australia y el lugar más frío del planeta.

Su regreso a la base fue un verdadero calvario. Shackleton cayó gravemente enfermo, pero la expedición logró llevar a cabo sus investigaciones científicas más importantes y, a su regreso a casa, Scott fue recibido como un héroe.

La segunda expedición de Scott (1910-1912), a bordo del Terra Nova, debía alcanzar el Polo Sur. Scott consiguió su objetivo, pero no ser el primero: Amundsen había llegado cinco semanas antes. La misión acabó en tragedia: durante su regreso, tuvieron que afrontar un tiempo terrible en un viaje de 1387 km.

Incapaces de salir de su tienda por culpa de una tormenta de nieve, los últimos integrantes del equipo murieron a tan solo 18 km de distancia de un lugar seguro. Los historiadores han acusado a Scott de mala planificación y gestión, pero pocos podrían equipararse a él en valentía.

1911
El equipo de Roald Amundsen se convierte en el primero en llegar al Polo Sur el 14 de diciembre.

1912
Scott alcanza el Polo Sur el 12 de enero. Todo su equipo muere durante el regreso.

1914-17
Shackleton intenta cruzar la Antártida, pero su barco queda atrapado en el hielo y se hunde.

1928
Hubert Wilkins y Carl Ben Eielson cruzan la Antártida en aeroplano.

1956
Estados Unidos establece la base Amundsen-Scott en el Polo Sur.

2016
El explorador sudafricano Mike Horn cruza la Antártida en solitario y sin ayuda externa.

LA VUELTA AL MUNDO

Durante siglos, el mayor reto fue navegar alrededor del mundo, pero los tiempos cambian. Entre 2015 y 2016, el avión Solar Impulse 2 dio la vuelta al globo solo con energía solar. La Estación Espacial Internacional orbita alrededor de la Tierra en 92 minutos, 15,5 veces al día. Las futuras grandes hazañas de la exploración se realizarán en el sistema solar y más allá.

VISUALIZA LAS RUTAS A TRAVÉS DE LA APP

FRANCIS DRAKE
Plymouth, 1577

WILEY POST.
Nueva York, 1933

FERNANDO DE MAGALLANES
Sevilla, 1519

FERNANDO DE MAGALLANES

En 1519, Magallanes cruzó el Atlántico hasta llegar a las islas Filipinas, un nuevo hito para la navegación europea. Solo uno de sus barcos consiguió regresar a España, la nao Victoria, capitaneada por Juan Sebastián Elcano, que completó la primera vuelta al mundo.

FRANCIS DRAKE

Los países del norte de Europa envidiaban las riquezas que traían España y Portugal del Nuevo Mundo. Por eso, la reina Isabel I de Inglaterra envió a Francis Drake (1540-1596) a saquear las colonias y los barcos españoles.

Para los ingleses, Drake fue un oficial de la Marina y un aventurero, y se convirtió en un héroe nacional. Sin embargo, violó las leyes internacionales e ignoró los tratados, de modo que en España se le considera un pirata. Se le llamó el pirata Draque, y se puso un enorme precio a su cabeza.

Durante su circunnavegación, Drake obtuvo un inmenso tesoro de los asaltos y robos que perpetró a lo largo de la costa oeste de América del Sur, aunque buena parte de esa fortuna se la habían arrebatado los españoles a los nativos sudamericanos. Drake también navegó por la costa del Pacífico norteamericano, e incluso desembarcó en California.

FERNANDO DE MAGALLANES

El comercio a escala mundial comenzó en 1519, con la primera expedición alrededor del globo. El responsable fue el portugués Fernando de Magallanes (1480 y 1521), un veterano navegante y soldado que había vivido y combatido en la India y el Sudeste Asiático.

Magallanes le propuso al rey de Portugal realizar un viaje hacia aquellas tierras siguiendo una ruta por el oeste, pero este se negó a patrocinarlo ante el inmenso riesgo que entrañaba la empresa. Magallanes se puso entonces al servicio de España.

Encontró un paso desde el Atlántico hacia el océano Pacífico a través del canal Santos (actual estrecho de Magallanes), en el extremo sur de América. Poco después descubrió Filipinas. Allí resultó mortalmente herido a causa de una lluvia de dardos durante una lucha local entre nativos.

Su tripulación regresó por el océano Índico hasta Sevilla (España). Un solo barco, la nao Victoria, tripulada por Juan Sebastián Elcano, con 18 de los 237 tripulantes originales, consiguió volver a casa. Fue la primera circunnavegación a la Tierra y duró tres años.

1519-22
Primera circunnavegación alrededor del mundo. La impulsó Fernando de Magallanes y la finalizó Juan Sebastián Elcano.

1577-80
Segunda navegación alrededor del globo, por el corsario inglés Francis Drake.

1768-71
James Cook, a bordo del HMS Endeavour, completa la primera circunnavegación sin perder a ningún hombre por escorbuto.

1895-98
El marinero estadounidense Joshua Slocum es la primera persona en navegar en solitario alrededor del mundo.

1929
El dirigible Graf Zeppelin da la vuelta al mundo en poco más de 21 días: el viaje más rápido hasta aquel momento.

1907-09
La Gran Flota Blanca de EE. UU. se convierte en la primera flota de buques de guerra en navegar alrededor del mundo.

ALTAS PRESIONES

Para el aviador Wiley Post diseñar un traje especial que soportase las altas presiones al volar no fue tarea fácil. El casco del segundo traje que se probó le apretaba tanto que ¡tuvieron que cortarlo para sacárselo!

WILEY POST

La llegada de los vuelos propulsados transformó la exploración para siempre. No obstante, el sentido de la aventura de los grandes exploradores de antaño y el de los pioneros de la aviación es equiparable. ¡Solo que estos últimos viajaban más rápido!

El aviador estadounidense Wiley Post (1898-1935) fue el primer piloto en dar la vuelta al mundo en solitario. Curiosamente, Post era un muchacho nacido en un entorno rural de Oklahoma, y se hizo célebre por su actitud temeraria y resuelta.

Con quince años, asistió por primera vez a una exhibición aérea en una feria. A partir de entonces se quedó fascinado por la aviación. Aunque trabajó en la construcción y en plataformas petrolíferas, acabó uniéndose a un circo aéreo, en el que saltaba en paracaídas y hacía acrobacias.

Tras perder un ojo en un accidente, Post compró un avión y, en 1931, junto a Harold Gatty como copiloto, voló alrededor del mundo, lo que le valió la fama. Dos años más tarde repitió el trayecto en solitario.

Post experimentó con vuelos a gran altura en los que descubrió las corrientes en chorro —unas potentes corrientes de aire–. Como la cabina de su avión no había sido presurizada para volar a semejantes alturas, desarrolló un traje especial para ese tipo de vuelos. Ese traje sería el precedente del equipo de alta tecnología que usan los astronautas.

Post nunca dejó de investigar y de idear nuevas fórmulas de vuelo. Murió en un accidente de aviación en Alaska en 1935, junto a su amigo Will Rogers, una estrella de cine.

1933 — El piloto estadounidense Wiley Post completa el primer vuelo en solitario alrededor del mundo.

1961 — El astronauta soviético Yuri Gagarin es el primer hombre en viajar al espacio. Recorre la órbita terrestre en la nave espacial Vostok I.

1969 — Robin Knox-Johnston es el primero en navegar alrededor del mundo sin escalas.

1976-78 — Hrystyna Chojnowska-Liskiewicz, primera mujer en navegar en solitario alrededor del mundo.

1988 — Kay Cottee, primera mujer en navegar alrededor del mundo sin escalas y sin ayuda.

2015-16 — El avión Solar Impulse 2 da la vuelta al mundo impulsado por energía solar.

GLOSARIO

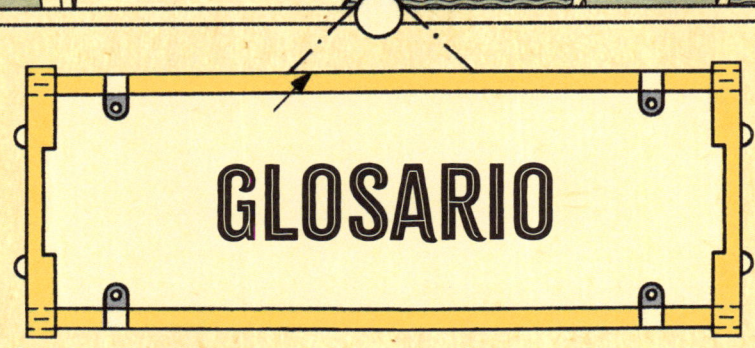

ABORIGEN. Habitante de un lugar, por contraposición a aquellos que se han establecido posteriormente en él.

ADELANTADO. Antigua denominación del jefe militar y político de una provincia fronteriza.

ANTÁRTIDA. Océano, plataformas de hielo, territorios e islas que rodean el Polo Sur, por debajo de la latitud 66,5° S.

ÁRTICO. Océano, plataformas de hielo, territorios e islas que rodean el Polo Norte, por encima de la latitud 66,5° N.

AVIADOR. Individuo que gobierna un aparato de aviación. Este término se utiliza con frecuencia para referirse a los pioneros de la aviación.

BIPLANO. Avión con cuatro alas que, dos a dos, forman planos paralelos.

BOSQUE PLUVIAL O PLUVISILVA. Conjunto de ecosistemas propios de un bosque de clima tropical o subtropical húmedo y algunos climas templados. Presenta abundante vegetación alta y densa, y clima cálido, con escasa variación térmica y lluvioso casi todo el año.

BOTÁNICA. Ciencia que trata de los vegetales.

CARTOGRAFÍA. Arte de trazar mapas geográficos. También se denomina así a la ciencia que estudia los mapas.

CIRCUNNAVEGAR. Navegar alrededor de algún lugar. Viaje que describe un círculo completo en torno a una isla o a todo el globo.

CONQUISTAR. Obtener, mediante una acción de guerra, un territorio, población, posición, etc. A lo largo de los siglos, muchos soldados y exploradores se adueñaron de los bienes y territorios de los nativos allí donde llegaban. También se utiliza este término para aludir a conseguir algo, generalmente con esfuerzo, habilidad o venciendo algunas dificultades.

CONTINENTE. Cada una de las grandes extensiones de tierra separadas por los océanos: Europa, Asia, África, América, Oceanía, la Antártida.

CORRIENTE. Movimiento de una masa de materia fluida, como el agua o el aire, en una dirección determinada.

CORSARIO. Capitán o miembro de una tripulación de un buque que navegaba al corso, es decir, con un despacho del gobierno de su nación que lo autorizaba a actuar como pirata contra los enemigos de esa nación.

DIPLOMACIA. Conjunto de procedimientos que regulan las relaciones entre los Estados.

DIRIGIBLE. Globo que se desplaza movido por motores y hélices, y que lleva una o varias barquillas para pasajeros. Se eleva gracias a que el globo contiene un gas más ligero que el aire. Se usaron desde 1900 hasta alrededor de 1930.

ECUADOR. Círculo imaginario que equidista de los polos de la Tierra. Se sitúa en torno al centro del planeta con latitud de 0°.

EL DORADO. El Dorado hacía referencia a un supuesto líder sudamericano que se hacía bañar en oro. Posteriormente el término se empleó para aludir a una hipotética tierra de grandes riquezas, que los exploradores europeos buscaron en vano durante los siglos XVI y XVII.

ESTRECHO. Paso angosto entre dos tierras por el cual se comunica un mar con otro.

EXPEDICIÓN. Viaje de un grupo de individuos a alguna ciudad o lugar con un fin científico o militar.

FARAÓN. Cada uno de los antiguos reyes de Egipto anteriores a la conquista de este país por los persas.

FUENTE. Manantial de agua que brota de la tierra.

GANGRENA. Muerte de los tejidos por falta de riego sanguíneo. Generalmente se produce por una herida que posteriormente se infecta.

GENOCIDIO. Eliminación sistemática de un grupo humano por motivos de raza, etnia, religión, política o nacionalidad.

GEOGRAFÍA. Ciencia que trata de la descripción de la Tierra.

GEOLOGÍA. Ciencia que estudia la historia del globo terrestre, así como la naturaleza, formación, evolución y disposición de las materias que lo componen.

HOMO SAPIENS. Nombre científico que recibe el ancestro más primitivo conocido del ser humano actual. La primera manifestación histórica del *Homo sapiens* se sitúa en el Paleolítico superior.

IMPERIO. Organización política de un Estado en la que gobierna un emperador. También se denomina así a un conjunto de Estados o territorios sometidos a otro.

INDÍGENA. Originario del país.

INTELECTUAL. Persona que se dedica al cultivo de las ciencias y las letras y al estudio en niveles avanzados.

MALARIA. Enfermedad febril que se transmite al hombre por la picadura de un mosquito. También se denomina paludismo.

MASA CONTINENTAL. Gran extensión de tierra que se diferencia de otras. Europa y Asia forman parte de la misma masa continental.

MENA. Mineral metalífero, principalmente de hierro, tal como se extrae, antes de limpiarlo.

METEOROLOGÍA. Ciencia que estudia los fenómenos atmosféricos.

MIGRACIÓN. Desplazamiento geográfico de individuos o grupos, generalmente por causas económicas o sociales. También se denomina así al viaje periódico de las aves, peces u otros animales migratorios.

MONOPLANO. Aeroplano con un solo par de alas que forman un mismo plano.

NAVEGANTE. Que navega. Es la persona responsable de fijar el rumbo de un barco o un aeroplano.

OCÉANO. Mar de gran extensión que separa dos o más continentes y cubre la mayor parte de la superficie terrestre (en torno al 71%).

PEREGRINAR. Viajar a un santuario por devoción. Así por ejemplo, uno de los preceptos del islam es peregrinar a La Meca –un lugar sagrado para los musulmanes, en Arabia Saudita– una vez en la vida. También el Camino de Santiago nace en la Edad Media como una serie de rutas de peregrinación cristiana que se dirigen a la tumba de Santiago el Mayor, en la catedral de Santiago de Compostela, en España.

PIRATA. Persona que se dedica al abordaje de barcos en el mar para robar.

POLOS. Extremos del eje de rotación de la Tierra, los puntos más al norte y al sur del planeta.

PUENTE TERRESTRE O TIERRA. Franja de tierra que une dos masas terrestres durante períodos de marea baja.

REFUGIADO. Persona que, a consecuencia de guerras, revoluciones, persecuciones políticas, hambrunas o desastres naturales se ve obligada a buscar refugio fuera de su país.

RUTA DE LA SEDA. Red de itinerarios comerciales que unían China con Asia Occidental y el sur de Europa, entre el 200 a. C. y el siglo XVII.

TERRITORIO. Porción de la superficie terrestre perteneciente a una nación, región, provincia, etc.

TOPOGRAFÍA. Técnica de describir y delinear detalladamente la superficie de un terreno.

TRATADO. Acuerdo establecido entre Estados u organizaciones internacionales, regido por el derecho internacional, con la finalidad de establecer normas de relación o de resolver problemas concretos.

TRIBUTOS. Obligación de pagos o impuestos establecidos por la ley.

ZOOLOGÍA. Ciencia que trata de los animales.

ÍNDICE

A
Alcock, John 23, 24, 25
Amundsen, Roald 21, 39, 40, 41

B
Baker, Samuel y Florence 14
Banks, Joseph 37
Barth, Heinrich 10, 12, 13
Battuta, Ibn 6, 8, 9
Beckford, William 14, 16
Bellingshausen, Fabian 40
Bonpland, Aimé 33
Bruni d'Entrecasteaux, Antoine 37
Burton, Richard 13

C
Caboto, Giovanni 24
Cabral, Pedro Álvarez 24
Cabrillo, Juan Rodríguez 26, 28
Cavalier de la Salle, Robert 29
Champlain, Samuel de 28
Charbonneau, Toussaint 29
Chojnowska-Liskiewicz, Krystyna 45
Clark Ross, James 40
Clark, William 27, 29
Colón, Cristóbal 9, 22, 23, 24, 25
Conde de La Pérouse 37
Cook, Frederick 20
Cook, James 29, 35, 37, 40, 44
Cortés, Hernán 32
Cottee, Kay 45

D
Dampier, William 37
Darwin, Charles 31, 32, 33
Davis, John 40
Díaz, Bartolomé 12
Drake, Francis 28, 43, 44

E
Eielson, Carl Ben 41
Ellsworth, Lincoln 21
Eratóstenes 17
Eriksson, Leif 22, 25

F
Flinders, Matthew 37
Frémont, John Charles 29
Frobisher, Martin 21

G
Gagarin, Yuri 45
Gama, Vasco de 12
Gatty, Harold 45
Gill, Alan 20
Goethe, Johann Wilhelm von 16

H
Hanning Speke, John 13
Hartog, Dirck 36
Hatshepsut 10, 12, 13
He, Zheng 7, 9
Hedges, Ken 20
Henson, Matthew 20
Herbert, William Walter 18, 20, 21
Herjólffson, Bjarni 25
Heyerdahl, Thor 25
Himilcón de Cartago 14, 16, 17
Horn, Mike 41
Hudson, Henry 28
Humboldt, Alexander von 30, 32, 33

J
Janszoon, Willem 36

K
Kingsley, Mary 13
Knox-Johnston, Robin 45
Koerner, Roy 20
Kököchin 8
Kublai Khan 6, 8

L
Lázarev, Mijaíl 40
León, Ponce de 28
Lewis, Meriwether 27, 29
Lindbergh, Charles 25
Livingstone, David 11, 12, 13

M
Magallanes, Fernando 32, 42, 44

N
Nachtigal, Gustav 13
Nansen, Fridtjof 19, 20, 21
Narváez, Pánfilo de 28
Necao II 12
Nobile, Umberto 21
Núñez de Balboa, Vasco 32

O
O'Hara Burke, Robert 34, 36
Orellana, Francisco de 31, 32
Overweg, Adolf 10, 12

P
Pablo, san 15, 17
Park, Mungo 12
Peary, Robert 19, 20, 21
Pizarro, Francisco 31, 32
Polo, Marco 6, 8
Post, Wiley 43, 45
Pitágoras 17
Piteas de Masilia 16, 20

R
Raleigh, Walter 32, 33
Richardson, James 10, 12
Rogers, Will 45

S
Sacajawea 27, 29
Scott, Robert Falcon 39, 40, 41
Shackleton, Ernest 38, 40, 41
Shélikhov, Grigory 29
Slocum, Joshua 44
Soto, Hernando de 27, 28
Stanley, M. H. 13

T
Tasman, Abel 35, 36, 37
Thompson, David 29
Thorvaldsson, Erik 25
Tupaia 37

V
Verrazzano, Giovanni da 25
Vespucio, Américo 24

W
Wallace, Alfred Russel 33
Whitten Brown, Arthur 23, 24, 25
Wilkins, Hubert 41
Wills, William John 34, 36
Wilson, Edward 41